¡Conocimiento a tope!
Artes en acción

Creando arte en equipo

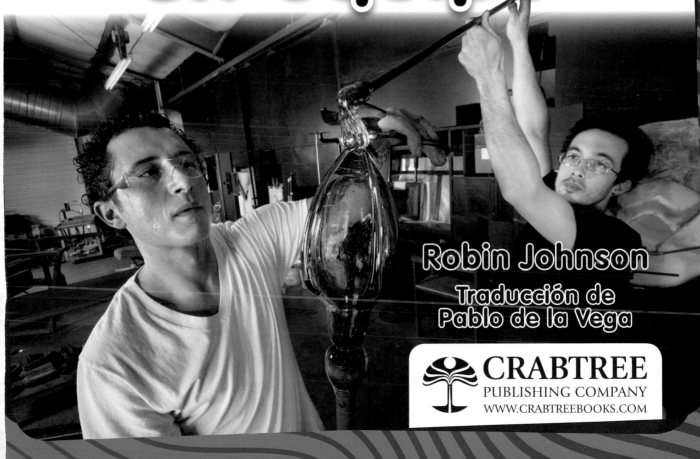

Robin Johnson

Traducción de
Pablo de la Vega

CRABTREE
PUBLISHING COMPANY
WWW.CRABTREEBOOKS.COM

Objetivos específicos de aprendizaje:
Los lectores:
- Identificarán distintos tipos de arte y cómo se relacionan entre sí.

- Explicarán que los artistas de distintas disciplinas trabajan en conjunto para crear muchos tipos de arte.
- Describirán las conexiones entre artistas, tipos de arte y elementos del arte.

Palabras de uso frecuente (primer grado) a, de, en, estos, la, puede(n), son, un/una, une(n), y	**Vocabulario académico** actuar, colcha de parches, combinar, creativo, escultura, grabación, habilidades, herramientas, instrumentos, mural

Estímulos antes, durante y después de la lectura:

Activa los conocimientos previos y haz predicciones:
Pide a los niños que lean el título y el índice. Pregúntales de qué piensan que tratará el libro. Anímalos a hacer conexiones entre el libro y ellos haciendo preguntas como:

- ¿Qué quiere decir trabajar en equipo?
- ¿Recuerdas una ocasión en que hayas trabajado con una o más personas? ¿Cómo te benefició el trabajo en equipo?
- ¿Por qué piensas que los artistas podrían trabajar en equipo?

Durante la lectura:
Después de leer las páginas 18 y 19, pregunta a los niños:

- ¿Cómo se ponen de acuerdo distintos artistas para crear una misma obra de arte?
- ¿Qué palabras te ayudan a ver la conexión entre los artistas? Orienta a los niños hacia palabras como «equipo» u «otro».

Después de la lectura:
Pide a los niños que trabajen en equipo para crear una pieza de arte. Cada miembro de cada grupo debe contribuir con algo distinto. Pide a los niños que hagan una reflexión verbal o escrita en la que expliquen cómo el trabajo en equipo ayudó en la creación de la pieza artística.

Author: Robin Johnson

Series development: Reagan Miller

Editor: Janine Deschenes

Proofreader: Melissa Boyce

STEAM notes for educators: Janine Deschenes

Guided reading leveling: Publishing Solutions Group

Cover and interior design: Samara Parent

Photo research: Robin Johnson and Samara Parent

Print coordinator: Katherine Berti

Translation to Spanish: Pablo de la Vega

Edition in Spanish: Base Tres

Photographs:
Alamy: Tuul and Bruno Morandi: p. 8; George Sweeney: p. 20
iStock: Lucy Brown - loca4motion: cover
Shutterstock: dmitro2009: p. 4; Igor Bulgarin: p. 9 (t); Goldquest: p. 9 (b); Art Babych: p. 10; Maljalen: p. 12; oki cahyo nugroho: p. 13 (t); windmoon: p. 13 (b); CHEN WS: p. 15 (b); Pavel L Photo and Video: p. 16; Mia2you: p. 18; Alina Reynbakh: p. 19 (t); eXpose: p. 19 (b)

All other photographs by Shutterstock

Library and Archives Canada Cataloguing in Publication

Title: Creando arte en equipo / Robin Johnson ; traducción de Pablo de la Vega.
Other titles: Creating art together. Spanish
Names: Johnson, Robin (Robin R.), author. | Vega, Pablo de la, translator.
Description: Series statement: ¡Conocimiento a tope! Artes en acción | Translation of: Creating art together. | Includes index. | Text in Spanish.
Identifiers: Canadiana (print) 20200296361 | Canadiana (ebook) 2020029637X | ISBN 9780778782780 (hardcover) | ISBN 9780778783091 (softcover) | ISBN 9781427126245 (HTML)
Subjects: LCSH: Artistic collaboration—Juvenile literature. | LCSH: Group work in art—Juvenile literature. | LCSH: Creation (Literary, artistic, etc.)—Juvenile literature.
Classification: LCC N7430.5 .J6418 2021 | DDC j700—dc23

Library of Congress Cataloging-in-Publication Data

Names: Johnson, Robin (Robin R.), author. | Vega, Pablo de la, translator.
Title: Creando arte en equipo / Robin Johnson ; traducción de Pablo de la Vega.
Other titles: Creating art together. Spanish
Description: New York : Crabtree Publishing Company, [2021] | Series: ¡Conocimiento a tope! Artes en acción | Includes index.
Identifiers: LCCN 2020032592 (print) | LCCN 2020032593 (ebook) | ISBN 9780778782780 (hardcover) | ISBN 9780778783091 (paperback) | ISBN 9781427126245 (ebook)
Subjects: LCSH: Artists--Juvenile literature. | Entertainers--Juvenile literature. | Cooperation--Juvenile literature.
Classification: LCC NX163 .J6418 2021 (print) | LCC NX163 (ebook) | DDC 700.92--dc23
LC record available at https://lccn.loc.gov/2020032592
LC ebook record available at https://lccn.loc.gov/2020032593

Printed in the U.S.A./102020/CG20200914

Índice

Crabtree Publishing Company
www.crabtreebooks.com   1-800-387-7650

Published in Canada
Crabtree Publishing
616 Welland Ave.
St. Catharines, Ontario
L2M 5V6

Published in the United States
Crabtree Publishing
347 Fifth Ave
Suite 1402-145
New York, NY 10016

Published in the United Kingdom
Crabtree Publishing
Maritime House
Basin Road North, Hove
BN41 1WR

Published in Australia
Crabtree Publishing
Unit 3 – 5 Currumbin Court
Capalaba
QLD 4157

¿Qué es el arte?

El arte está a nuestro alrededor. Es cualquier cosa creada para ser hermosa o interesante. Puedes verlo o escucharlo. La gente que hace arte es llamada «artista».

La pinturas son arte que vemos.

Estas personas bailan al ritmo de la música. La música y la danza son arte.

Estos estudiantes están montando una obra de teatro. Sus amigos los ven **actuar**.

Los artistas tienen habilidades

Los artistas son **creativos**. Tienen muchas ideas para crear arte nuevo. También tienen habilidades. Los artistas adquieren sus habilidades practicando. Algunos artistas también adquieren sus habilidades en la escuela.

Los artistas hacen que sus ideas tomen vida. Este arte en papel contiene un mensaje. Dice «¡buena suerte!».

Algunos artistas enseñan sus habilidades a otros artistas.

Estos artistas aprendieron cómo hacer arte con lana.

Trabajando en equipo

Algunos artistas combinan, o unen, sus ideas y habilidades. ¡Trabajan en equipo para crear arte!

Algunos artistas trabajan en equipo para crear imágenes. Algunas imágenes, como la de este **mural**, son enormes. ¡Muchos artistas trabajaron en equipo para crearla!

A estos artistas les toma días hacer pinturas con arena. El trabajo en equipo les ayuda a crear arte más rápido.

Estas artistas están haciendo una colorida pintura en equipo.

Haciendo música

Algunos artistas pueden hacer música en equipo. Usan sus voces para cantar. Usan sus instrumentos para crear sonidos distintos. Voces y sonidos se unen para hacer música.

Estas artistas unen sus voces para cantar una canción.

Los instrumentos son herramientas que los artistas usan para hacer música. Cada instrumento tiene un sonido diferente. Los artistas combinan sus sonidos.

Compañeros de baile

Algunos artistas se unen para bailar en pareja o en grupo. Mueven el cuerpo al ritmo de la música. Juntos, bailan para que la gente los vea.

Estos artistas bailan en pareja. Mueven el cuerpo juntos.

Estos artistas hacen los mismos movimientos al mismo tiempo.

Estos artistas bailan la **danza del dragón**. Cada bailarín sostiene una parte del dragón. Deben trabajar en equipo para hacer la danza.

¡Que comience la función!

Algunos artistas trabajan en equipo para montar espectáculos. Montan obras de teatro y espectáculos de marionetas. Actúan en películas y programas de televisión.

Tres artistas trabajan en equipo para mover la marioneta.

Estos artistas actúan en una obra de teatro. Trabajan en equipo para contar una historia.

Estos artistas hacen un espectáculo de trucos.
Trabajan en equipo para mantenerse a salvo unos a otros.

Ayudando a crear

¡Se necesita de mucha gente para hacer un espectáculo! No vemos a muchos de los artistas. Hay artistas que escriben historias. Hay otros que construyen **escenarios**. Otros hacen vestuarios y otros maquillan.

Estos artistas usan herramientas como cámaras y luces para hacer una película.

Esta artista
maquilla a
una actriz.

Este artista hace
el vestuario de
un programa de
televisión.

Uniéndolo todo

Cada artista tiene una habilidad diferente. Hacen distintos tipos de arte. Pueden unir su arte para crear algo especial.

Algunos artistas unen **esculturas** y pinturas para hacer esta exposición de arte.

Esta bailarina es una artista. Otro artista hizo su vestido. Un tercer artista hace la música que baila. Unen su arte para crear una danza hermosa.

Un artista diseñó este interesante edificio. Otro artista agregó luces coloridas para hacerlo brillar de noche.

Compartiendo el arte

Los artistas pueden trabajar en equipo cuando están lejos. Crean arte donde viven. Luego lo comparten con otros artistas alrededor del mundo.

Se necesitaron cientos de artistas para crear esta enorme **colcha de parches**. Gente de todas partes del mundo mandó pedazos para hacerla.

Artistas de distintos lugares pueden trabajar en equipo para hacer música. Cada uno graba su parte. Luego, otro artista une todas las partes para hacer una canción.

Esta artista está dibujando una flor en un computador. La compartirá con otros artistas para hacer un libro.

Palabras nuevas

actuar: verbo. Ofrecer un espectáculo para el público.

colcha de parches: sustantivo. Una colcha hecha con distintos pedazos de tela.

creativos: adjetivo. Que son capaces de imaginar y crear cosas nuevas.

danza del dragón: sustantivo. Una danza tradicional china que suele bailarse en celebraciones.

escenarios: sustantivo. Lugares hechos por humanos para representar escenas de teatro, cine o televisión.

esculturas: sustantivo. Arte hecho dando forma y uniendo materiales.

mural: sustantivo. Una imagen enorme pintada directamente en un muro.

Un sustantivo es una persona, lugar o cosa.

Un verbo es una palabra que describe una acción que hace alguien o algo.

Un adjetivo es una palabra que te dice cómo es alguien o algo.

Índice analítico

Sobre la autora

Robin Johnson es una autora y editora independiente que ha escrito más de 80 libros para niños. Cuando no está trabajando, construye castillos en el aire junto a su marido, quien es ingeniero, y sus dos creaciones favoritas: sus hijos Jeremy y Drew.

Para explorar y aprender más, ingresa el código de abajo en el sitio de Crabtree Plus.

www.crabtreeplus.com/fullsteamahead

Tu código es:
fsa20

(página en inglés)

23

Notas de STEAM para educadores

¡Conocimiento a tope! es una serie de alfabetización que ayuda a los lectores a desarrollar su vocabulario, fluidez y comprensión al tiempo que aprenden ideas importantes sobre las materias de STEAM. *Creando arte en equipo* introduce a los lectores a las conexiones dentro de un mismo texto, al tiempo que exploran cómo pueden conectarse distintos tipos de artistas, de arte y de elementos artísticos. La actividad STEAM de abajo ayuda a los lectores a expandir las ideas del libro para el desarrollo de habilidades artísticas y científicas.

Exposición de arte colaborativa

Los niños lograrán:
- Colaborar para mostrar en una misma exposición tres tipos distintos de arte.
- Crear una exposición de arte que represente un concepto científico aprendido en clase.

Materiales
- Materiales y herramientas de arte, como esponjas, palitos, papel, reglas, cinta adhesiva, pegamento, pinceles, plumas, pintura, plastilina, lápices, crayones, piedras, pétalos, bloques o juguetes de plástico, lienzo, etc.
- Hoja de planeación de una exposición de arte.

Guía de estímulos
Después de leer *Creando arte en equipo*, pregunta a los niños por qué colaborar es importante. Anímalos a usar evidencias del libro para respaldar sus ideas. Haz preguntas como:
- ¿Por qué los artistas trabajan en equipo?
- ¿Puedes dar algunos ejemplos del libro que muestre cómo trabajan en equipo los artistas?
- ¿Por qué trabajar en equipo es útil?

Actividades de estímulo
Mira con atención la imagen de la página 18, donde se muestra una exposición de arte. Asegúrate de que cada niño entienda qué tipo de exposición de arte es: una colección que muestra artes visuales. Muchos artistas colaboraron para poner diferentes tipos de arte en la misma exposición. ¡Explica a los niños que harán su propia exposición de arte! Cada niño colaborará con dos compañeros.

Cada grupo de tres debe crear una exposición de arte con tres tipos distintos de arte. El educador puede elegir hacer una evaluación de los tipos de arte, como pintura, dibujo, escultura, mosaico, etc.

Cada muestra debe incluir arte que represente, o defienda, una idea de una unidad de Ciencia. El educador puede integrar esta actividad a cualquier unidad de Ciencia. Por ejemplo, los niños podrían crear arte relacionado con el clima, los seres vivos o las fuerzas.

Entrega a cada grupo una hoja de planeación de una exposición de arte y da a los grupos tiempo para que creen sus exposiciones de arte. Pide a los grupos que muestren sus exposiciones y expliquen cómo sus piezas artísticas representan ideas científicas.

Extensiones
Invita a los niños a que usen la tecnología para fotografiar o grabar un video de sus exposiciones de arte, y que luego los suban a una página web de la clase.

Para ver y descargar la hoja de trabajo, visita **www.crabtreebooks.com/resources/printables** o **www.crabtreeplus.com/fullsteamahead** (páginas en inglés) e ingresa el código **fsa20**.